우리의 슬픔은
전문적이고 아름다워

교유서가 시집 003
리산 ─────

우리의 슬픔은
전문적이고 아름다워

교유서가

시인의 말

오래된 마음은 가라

아무것도 모르는 채 나는 뛰어드네

다시

맨 처음으로

차례

시인의 말 5

달을 떠나는 달 10
잊으려 하지 않는다 12
사적인 슬픔 14
무사 15
사월에는 서역 16
Veinte Años 17
앤틱한 마음 19
서서히 (눈)물로 채워진다 21

아름다운 헬레네

위무위(爲無爲)
　—술에 취한 나는 무슨 이유로 그리 슬피 우는가　26

빈롱의 저녁　27

비가 또 온다　28

고전미술반　29

낭만적인 배당　31

겨울 샐러드　33

뿌리 관목 라일락　35

숲의 일부를 지나는 임시열차　37

순수지속　40

토성의 아름다운 어두운 꼬리　43

황혼의 것　45

발자국은 꽃잎 모양　48

지도의 끝자락　50

나쁜 시절 국경 근처　53

다시 헬레네

Moon지방의 거주자들 60

기원전 203년 한니발은
  어쩔 수 없이 헤라 신전을 떠났다 63

광대를 보내주오 65

자신에 대해 말하다 67

美國의 탄생
  ―나는 너에게 말한다 이 슬픔이 나의 연인이라고 69

잎새 뜨기 72

헬레네

마법 환등기
   —공장에서 빠져나가기 76

거리, 밖, 밤 79

차가운 물에 사는 물고기 요리법 81

잉크병 속에 남은 전나무 꿀 84

홍학떼가 있는 폐허 86

청바지의 탄생 90

사랑했다는 뜻 92

다락방이 유행하던 시절 94

반복하지 않는다 96

내해의 어두운 땅 98

남극의 장미 104

진지한 여공 105

프랑크푸르트의 신식 부엌 107

산책에서 돌아오지 않기 108

아프리카의 해 110

먼 데서 온 사람 115

조선어독본 첫째 권 117

아름다운 헬레네

산문 | 함께, 산책에서 돌아오지 않기 | 김숨(소설가) 121

달을 떠나는 달

배수구에 꽂혀 있는 전선
잠그지 않은 창문을 열고 들어오려는 그림자
가짜 동전 속에서 고르는 진짜 동전

자전축이 더 기울어졌다
스승이 가셨기 때문이다

밀물이 낮아지고 썰물이 낮아진다
파도가 달을 벗어나고 있다
먼지는 계속 쌓이고
눈을 뜬 채 죽은 고라니가 문턱에 걸쳐져 있다
유향 주머니를 흔들며 누가 작은 담요로 죽은 고라니의 눈을 가려준다
너도 이제 망설이지 말고 문턱을 넘어 어디로든 가라고

십칠 세기 말 마다가스카르에는
모든 것이 허용되고 모든 것이 불법인
해적들의 무정부주의 국가가 있었다고 한다

꽃가루를 옮기러 떠났던 벌들은 한 계절이 다 가도록 돌아오지 않고
붕붕거림의 소멸

깨어진 결혼식

성조가 사라졌다

잊으려 하지 않는다

―

집은 허물어지고

제비는 남쪽으로 갔나

한 시대를 풍미했던 기세는 사라지고 끝없는 계단

그 끝에는 반쯤 남은 양초와 언젠가 흔들렸을 횃불

카페 뻬쩨르부르그에 부는 북풍

비가 종일 내리고
종일 비가 내렸으므로 평소에도 손님이 없는 이 오래된 카페에는

오늘밤 더이상 아무도 오지 않을 수 있다

어쩌면 그 반대일 수도

이곳을 떠나 해변으로 가기에는 날씨가 좋지 않다고

―

비가 와도 떠날 사람은 떠나지만

폭풍이 온다는 소식에 모든 것을 다 취소했다고

누가 끊임없이 중얼거린다

어디론가 떠나 돌아오지 않기에는 너무나 많은 흔적을 남겼다

혼자 앉은 사람의 어깨 위로 *내리는* 어둡고 섭섭한 비

먼 데 메마른 들판에 사는 농부들이 비를 기다리며 꾸는 꿈

해변을 산책하는 개 해변에 남겨진 개

해변에 버린 개

사적인 슬픔

―

착한 사람들이 그물에 걸린 작은 물고기를 풀어주는 저녁이다

골동품 거리 상인들이 길가에 내놓은 유리잔을 거둬들이는 저녁이다

지난밤 먼 숲에는 눈이 내렸다고 한다

눈은 무거운 눈이라
바람이 불어도 날아가지 않았다고 한다

밤새 나뭇가지 부러지는 소리 툭툭 들리고

눈도 없이 바람만 몰아치는 밤과 밤과 밤

파랗게 질린 측백나무가
어쩔 수 없다는 듯 담장 안에 서 있다

언젠가 내가 부수고 떠나온 곳

―

무사

북쪽 호숫가 백문동 소리도 없이

흰옷 입은 사람이 나무 밑을 지나가니 열매들 또 지겠구나

달빛 아래 창포잎에 맺힌 이슬로 눈을 씻으면

한낮에도 가느다란 별빛이 보여

저기 울며 철책을 넘어가는 염소 치는 여자들

밤 거미들 이파리마다 집을 짓고

담장 밑에 심은 꽃나무도 인적을 찾아 기우는데

홀로 북을 치며 술잔을 기울이네

사월에는 서역

서역은 중국을 기준으로 서쪽에 있던 나라들을 통틀어 이르는 말로 넓게는 인도 서부 중앙아시아까지 가리키기도 하는데 저기 우즈베키스탄에는 고구려 사신으로 짐작되는 사람이 그려진 벽화도 있고 신라의 고분에는 서역에서 왔을지도 모를 금장식이며 보검 등이 발견되었다, 일찍이 나는 초원길과 비단길을 지나 서역에 닿고자 여러 번 생각하고 사월 생일 달을 맞아 다시금 생각했으나 생각은 생각으로만 그쳤을 뿐, 화려한 무늬를 넣은 벽돌집에 살며 비단옷을 입고 잉어와 쌀죽을 먹던 시절로부터 단조로운 베옷을 입고 콩죽 도토리묵무침을 먹으며 한 겹의 무명을 침상으로 삼는 시절에 이르기까지 끝내 가닿지는 못하고 날마다 밤마다 길을 떠나는 꿈 길을 떠도는 꿈, 연고도 시기도 없이 여기 서 있다 뭉개져 가는 무덤은 누구의 것이며 이 형태는 어디서 와서 어디까지 가나 하는 생각들을 하며 밤을 지새우는 것이었다

Veinte Años*

 그때 우리는 슬픔에 대해서만 이야기했지 우리의 슬픔은 증폭되고 슬픔 외엔 관심이 없었지 우리의 슬픔은 주말이면 무럭무럭 번성하고 우리는 우거진 슬픔 속에서 잠이 들고 음악을 듣고, 이를테면 그 시절 우리는 휴일 저녁 슬픔의 전문가 우리의 슬픔은 전문적이고 아름다웠네

 막차가 떠나고 자정이 지났다 이제 나의 가난한 친구들은 오지 못할 것이다 건너편 펍 광고판 속에는 저녁 내내 하이파이브를 하며 환하게 웃고 있는 콧수염의 남자들 슬로모션으로 돌아가는 회전목마 표적을 향해 느리게 날아가는 다트 휴대폰을 들여다보며 캐리어를 끌고 가는 사막 열차를 타고 온 이국의 여행자들

 테이블과 테이블 사이에서 몸을 부딪치며 음악에 맞춰 춤을 추던 시절은 가고 저기 키리코 씨가 옆에 코헨 씨가 여기 보위 형님이 앉아 있는 게 보이지 않느냐며 낄낄대던 시간도 가고 테이블 가득 흑맥주를 올려놓고 밤새도록 마시다 테이블에 엎어져 함께 죽자며 떠들어대던

시절도 갔다, 나는 창조적인 이기주의자, 위험하지 않아요, 밤이 깊도록 시집 안쪽에 자기소개서를 입사지원서를 끼적이던 나의 가난한 친구들은 하나둘 떠나고, 어디까지 갔을까 너는, 다 보내지 못한 검은 바지 생각

　누가 물푸레나무로 만든 신발을 끌며 설산을 넘어간다

---

* 〈Buena Vista Social Club〉 앨범에 수록된 〈Veinte Años〉를 휴대폰의 통화 대기음으로 쓰던 시절이 있었다. 오마라 포르투온도(Omara Portuondo)의 공연을 보러 예술의전당에 갔던 기억. 〈Veinte Años〉는 여러 버전이 있지만 나는 이 앨범의 7번 버전이 좋다.

앤틱한 마음

흙벽을 다 부수며 폭풍우가 몰아치고

비바람으로도 씻기지 않은 애련에 물든 새가 있다

새는 건물 유리창에 비치는 나무를 본다

빗물에 젖은 하나의 이미지만을 바라보고 바라보느라

남은 생을 다 쓴다

북소리가 들리고 담장이 무너지고

함께 울던 옛 친구들은 무덤으로 감옥으로 떠났다

숲은 강 건너편에 있다

곧 마지막 낙하의 순간이 올 것이다

더이상 울지 않는다

혼자 남을 것이다

서서히 (눈)물로 채워진다

큰 개가 죽고

𝄐

울타리 흰 안개꽃 모호한 깊이의 숲

취하기 위한 긴 연주곡

스스로를 표현할 길 없는 무대

눈은 한쪽 어깨로만 미세하게 내려앉고

수면으로 떠올랐다 빛을 잃어가는 것들

당신의 언어는 아무도 알아듣지 못해 구하러 갈 수 없었습니다

웅얼 웅얼 웅얼 당신은 누구입니까

하나 둘 셋 시간은 흐르고

딩동 딩동 딩동 이 악기는 이렇게 자발적으로 울고 있습니까

이렇게 우는 악기의 이름은 무엇입니까

당신은 거기 있습니까

℘

밤은 깊고 휴일은 다 지나

아주 오래전 노래를 듣는 새벽

사막을 건너가는 소그드 사람들 발자국소리같이 사그락사그락

종일 내리던 올해의 첫눈도 그치고

몇 줄의 문장은 어디서 오나

겨울 지나고 봄

다시 허공으로 뿌리내리는

겨울

예언은 이루어지지 않는다

아름다운 헬레네

위무위(爲無爲)*
―술에 취한 나는 무슨 이유로 그리 슬피 우는가

무장야 무장야 눈이 내리고

세상의 모든 폐허 위에 눈이 내리고

누가 밤새 파편들을 모아

폐허를 떠받치는 소리

---

* 2023년 6월 7일, 한국고전번역원(글쓴이 송호빈)에서 보낸 이메일에는 "한 사람은 무슨 일로 그렇게 슬퍼하는 것일까(醉人所慟何事)?"(박지원[朴趾源, 1737~1805]의 『연암집[燕巖集]』 제10권 별집 「도화동시축발[桃花洞詩軸跋]」에서)라는 구절이 있다.

내내 이 문장에 붙들려 나는 살았다
하여, 나는 다시 쓸 수 있다.
술에 취한 나는 무슨 이유로 그리 슬피 우는가

빈롱의 저녁

떠나라 시골로

가서 더 아름다운 빌라를 짓고 더 큰 정원을 가꾸며 살아라

큰 소리로 외치며

북을 치며 나발을 불며 지나가는 행렬을 보고

주소 없는 여자들이 중얼거린다

어린 도마뱀 한 마리 누울 수 없는 창가

철도의 불빛을 먹고 자라는 화분 하나가

내가 가진 정원의 전부야

비가 또 온다

―

스스로 만들지 않은 것을 갖기 위해
내놓을 수 있는 건 오랜 노동뿐
함께 공을 몰며 달리는 꿈을 나누기에
누더기 진 베일은 너무 무거워

물고기가 토해놓은 여자들은
은빛 치마를 다림질하는 꿈을 드나들며 다리 아래 잠
들고

슬픔에 찬 꽃송이들이 메마른 강에 떨어지는 동안
나는 상처로 가득한 안개꽃을 머리에 꽂고
푸른 이삭이 그려진 기도소에 간다

월요일은 성자들의 고해일 기타 등등은 기타 등등
천장 가득 그려진 벌거벗은 천사들
색유리에 그려진 떨기나무는 어디로 갔나

기둥머리 장식을 붙잡고 누가 운다

―

고전미술반

 에스커는 게일어로 빙하가 쌓였다 녹고 다시 쌓였다 녹아 골짜기가 되고 들판에는 흰 돌과 토탄이 많고 호수와 사람들이 떠나버린 돌집이 많고 감자 대기근으로 허기진 사람들이 배를 타고 바다로 떠난 곳

 지금은 연어와 송어 낚시 면허증을 가진 사람들이 따뜻한 겨울 아침 호수에 나가 낚싯줄을 드리우는 머나먼 북쪽 모래언덕

 막차가 곧 올 거야 오늘분의 이름표와 더러워진 장화는 벗자
 미술관에 전시중인 쿠르베 그림 〈돌 깨는 사람들〉은 전쟁중 불탔대
 고향에서 멀리 떨어진 곳에서 어디에도 속하지 않은 채 그는 죽었지

 뒤통수를 치고 떠난 것들이 생각나
 많은 것이 지나갔어
 에스커, 더블린, 니나, 워터빌,

저녁 무렵 토탄 연기 자욱한 국도변 마을
이국의 서점에 쌓여 있는 아름다운 목각 판화
말할 수 없이 많은 것들이 나를 지나쳐갔지

누구는 파트타이머로 일하는 틈틈이 휴대폰으로 아름답고 섬뜩한 아트도 만들었다는데 가능해?

꿈은 어제와 다르고 오늘과도 다르니 나는 공장의 벽에 이마를 대고 낭만적으로나 울었지 눈보라 속을 헤매다 감기에 걸려 죽을 수는 없어서

낭만적인 배당

지겨움으로 죽느니 과음으로 죽는 게 낫지

붉은 담쟁이들 국제녹색연맹 벽을 타고 자라는 길에
밤 열시 공연을 알리는 포스터가 붙어 있다

넥타이를 풀고 로션을 새로 바르고 주말쯤이면 저런 공연에 갈 수 있나

 아침마다 엔진을 켜고 골목에 서 있는 흰색 차는 무엇을 기다리나
 출근 시간 지름길을 두고 이 길을 걷는 사람은 거의 아무도 없지
 바닷가 해변을 뒤덮는 해초와 야생화 숲 밤의 문법은 잊어야지
 당나귀 꼬리도 잘 마르는 환한 날
 문밖에 세워둔 순록의 뼈와 가죽으로 만든 썰매를 타고 여행의 승리자가 되어 갈 수 있다면
 먼 꿈의 거리에 사는 이들의 직업은 철도원, 시계 수리공, 세리

하지만 당신은 이미 늦었지

화폐개혁, 바젤위원회, 새로운 거대 시장의 선점을 위해 서둘러야 합니다
지연 시간에 대한 우려, 특급 송금 상승 출발은 없습니다
전일 하락의 충격을 피해 출구를 찾아가면, 왼손에 앉는 매 한 마리
스멀스멀 업무용 메신저 속으로 끼어드는
둔황 시내 3번 버스 종점은 월아천, 요금은 2위안
백야의 별, 옛 마법사의 제자, 호른소리, 유유히 흐르는 박수소리

지겨움으로 죽느니 과음으로 죽는 게 낫지
모든 아침은 저물어라

겨울 샐러드

억수같이 내리는 빗속에 폐허가 된 성의 뜰에 도착해
굶기를 밥 먹듯 하는 사이비 귀족에게 재워달라고 부탁하는
루이 14세 시대의 유랑 배우들처럼

방문객들이 도착한다 계속해서 도착한다
앉을 곳을 이리저리 찾는다 계단에 앉는다
문 뒤에 앉은 사람들 때문에 현관문은 열기도 어렵다
서로 모르는 사람들이 정원에 모여 음식을 만든다
저녁에는 파티가 열린다고 한다
처음 보는 사람들이 노래를 부른다
머리를 흔들며 팔다리를 흔들며 춤을 춘다
히히덕거린다 덜렁거린다
어떤 남자가 지팡이를 빙글빙글 돌리며
요리 만드는 것을 돕겠다고 한다
만든 음식은 선약이 있어 싸 가지고 가서 먹는다고 한다
서양식 으깬 감자 요리
우유는 충분히 소금도 조금 올리브와 후추 그리고 기

다림

  차갑지도 뜨겁지도 않게 따뜻함으로
  가득하게 아주 많이 철철 넘치게
  넘치는 건 낭비가 아닐까 가책을 느끼게도 하지만
  눈도 없이 마른 바람만 부는 밤과 밤을 견디게 아무도 울지 않게
  당신은 아직 모르지만 더 좋을 수도 있는 오래된 요리법을 찾아
  어떻게 풀어지고 어떻게 엉길 것인가
  거품을 일으킬 것인가 단단해질 것인가
  그린 퍼플 레드 화이트색 채소도 좋지 사양하지 않지
  둘둘 휘감고 자르고 뒤집고

  파티가 시작되기도 전 꽃들은 통째로 떨어져 소리 없이 썩어가고
  누가 금색 크림을 푹푹 찍어 접시 위에
  화폐를 구함이라 쓴다

뿌리 관목 라일락

뿌리 관목 라일락…산상의 왕궁을 불태우고 사라진 사람들은 어디로 갔나…다 어디로…갔나…이름을 알 수 없으니 실종신고를 할 수는 없어서…저 아래 해안가 생선 요리들은…생선 종류에 관계없이 모두 대구 요리로 통한다는데…생선이야 여러 종류가 있지만…이름은 모두 대구로 통한다는데…생선을 잡으러 바다로 나갔으니 생선을 잡고…대구를 잡으러 갔으니 대구를 잡아 오는 것…

며칠째 폭풍은 그치지 않고…

당신이 말한 앵무새는 찾을 수가 없어서…어디서도 찾을 수가 없어서…거실 침실 정원에도 많은 새가…앵무새가 있었지만 당신이 말한…붉은머리앵무새는 다른 새와 구별할 수가 없어서…구할 수 없었다는 말을…새들은 울고…날마다 울고…뿌리 관목 라일락…다른 곡조로 우는 듯 했지만…같은 소리…결국은 배고파 배고파 울음소리…배고픈 울음소리…늘 누군가 주는 먹이만 받아먹은 새들은…겁이 나…못 해…할 수 없어…스스로는 먹이를 구할 수가 없어서…어떻게 어떻게…울고 …붉은머리앵무새야 붉은머리앵무새야 불러도…울고 …뿌리 관목 라일락…울고…갈라진 혀를 빼물고 울고 울다…엎어져 있을 뿐…

숲의 일부를 지나는 임시열차

지나가리,

일곱 개의 숫자와 기호 가까운 곳만 보이는 안경과 발신전용 전화기

불시에 팝업되고 변경되는 붉은 메모장 의미가 기억나지 않는 암부호

초 단위까지 표시되는 시계와 매일매일의 실적, 지나가리

시간에 쫓기며 후회하며 조금씩 더 멀리까지 가게 되는 점심시간의 산책

채택을 거절하는 매일 성당에서 들려오는 목요일의 오르간 연주

가장행렬이 계속되는 동안

천천히 뼈와 머리카락은 녹고

나무와 진흙으로 세운 집은 사라지리

누가 멘소래담냄새를 풍기며 잘게 오린 색종이를 어깨에 얹고 서 있네

갈 수 있지, 급행을 타고 저녁이면 비 오는 베른에 도착하듯

푸른 벼랑 수리공이 굽은 등을 펴는 비상구 계단을 다 오르고 다 내려가면

갈 수 있지, 일요일이면 열리는 유리구슬과 향신료를 파는 나뭇잎 광장 고대인의 포도밭

먼 곳에서 날아온 제비들이 곤한 머리맡에 신비로운 문장을 두고 가는 새벽

석양이 황금빛으로만 물들던 시절

물푸레나무 상자 속의 황금사과를 나누어 먹은 우리는 영원히 젊었네

머리가 잘린 폐허의 덤불 속에 서서 외로운 신은 속삭이네

오래 울었어

기다리며

아무도 믿지 않았지

일주일에 한 번 우리는 다른 무엇이 된다고 믿었던 날들

눈 물결을 거슬러 강으로 흘러드는 황혼의 물처럼

온몸을 물들이며 이제 가

순수지속

> 나는 헬리오폴리스에 빵이 있는 사람
> 내 빵은 태양신이 계신 하늘에도 있고
> 게브가 계신 땅에도 있어
> 아침저녁으로 범선은
> 태양신의 집에서 나의 식량인
> 빵을 실어나르리
> —『이집트 사자의 서』

무역풍이 불 때 나는 드디어 자유계약 선수가 됐어
 십이월 아침 여섯시 하늘을 사심 없이 올려다볼 수 있게 되었다는 뜻이지

 어디인지 모르는 채 가고 있었지
 길고 검은 계단이 끝없이 이어지고 발자국소리만 텅텅 울리는 복도
 좁고 기다란 길은 여러 명이 함께 지나갈 수 없어
 자꾸만 뒤에 남는 사람들이 생겼지
 아무도 말하지 않아 아무에게도 물을 수 없었지 가방

을 꼭 움켜쥐고

쪽지에 적은 몇 개의 숫자와 이루어질 수 없는 소원과 찾을 수 없는 번지수

중량 초과의 엘리베이터는 멈추지 않고 지나가고 몇 번의 상승과 하강

문은 앞에서 등뒤에서 번갈아가며 열리는데 누가 자꾸 밀려나

더이상 둘 곳 없는 책상 의자 옷장은 불태워야 합니다

더러 중고품 가게로 팔리기도 하지만 그건 그냥 버리는 것과 비슷해요

거리 모퉁이 내다버린 거울 앞을 지날 때는

손등으로 이마를 가리며 나도 모르게 인상을 찌푸리고

얼룩 묻은 얼굴과 잘린 팔다리와 사직서를 쓰는 아침과

마지막으로 들른 성당의 벤치에 앉아 있을 때

발밑으로 툭 떨어지는 배롱나무 꽃잎

아직 질 때는 아니라는 듯 붉고 촉촉한 꽃이파리

기도라는 게 있었지
흰 베일을 쓴 그녀가 작은 아이를 손바닥으로 바치고 서서 나를 바라봐

그렇지만 나도 견뎌야 할 것들이 너무 많았어요

토성의 아름다운 어두운 꼬리

기차가 떠나고
모든 것이 객관적으로 보이기 시작한다

새순을 틔우고 색이 짙어가는 나뭇잎
지금 막 도착해 시위대에 둘러싸인 관광객
경찰들 사이를 지나 오늘의 식당으로 가는 사무원들

곧 도착 없음 다음 버스는 우회 지연
중앙역 환승센터 부근에는 오늘도 시위가 있다
가장 먼저 도착하는 버스를 타고 종점까지 가면 뭐가 있나
언젠가 가본 종점에는 갈비를 파는 가든 사격장 옛날의 여름 궁전이 있었지
일 인분은 곤란해요, 완두콩 한 알이면 피가 달콤해질 수 있을 텐데
혼자 배고픈 사람들은 가든과 가든 앞을 기웃거리다 더욱 허기가 지고

장기 시위자의 텐트가 있는 화단에 공공근로자들이

튤립을 심고 있다

 언제나 당신을 생각한다고 만물이 소생하는 봄이라고
 소생하기 위해서는 잘 자야 하고 잘 쉬어야 한다고 라디오 속의 디제이는 속삭인다

 전신주를 피해 한쪽으로 기울어진 가로수는 이 봄날 얼마나 소생하려는 걸까
 온 생이 비틀린 채 어떻게든 다시 한번 싹을 틔우려는 걸까

 바람 속에서
 누가 벽돌을 부순다 바람 속에서
 누군가의 옷자락이 나부낀다 바람 속에서
 누가 한 번도 가본 적이 없는 곳으로 떠나고 다시는 돌아오지 않는다

 돌아올 수 없을 것이다

황혼의 것

저 멀리 호르무즈라는 섬이 있다

그 섬은 적도로부터 북쪽으로 27도 지점에 있는데 땅은 모두 소금이거나 유황이다

풀과 나무가 자라지 못해 새와 짐승은 그곳에서 자취를 감추었다

비가 내리더라도 겨우 신발의 바닥을 스칠 정도며

민물이 전혀 없어 적은 양의 물도 해외에서 길어 와야 한다

폭풍우가 몰아치는 밤이다

십칠 세기 이태리 사람 알레니는 『직방외기』에 계속해서 쓴다

그곳의 어려움이……

둑이 넘치고 산이 무너지고
태풍은 그치지 않는데
전쟁은 끝나지 않았으면 좋았을까

시들지 않은 장미와 버드나무

스크럼을 풀지 않은 우리는 어디론가 가기 위해 기다리고 있어
  내면에는 자정이 넘도록 불을 끄지 않은 눈 내리는 식당이 있고
  비안길에는 헝클어진 머리를 다듬어줄 이발사가 홀로 늙어가고 있지

  이름 모를 수많은 강과 들판에서의 전투를 기억해

  입김이 얼어붙는 겨울 아침의 구호와 이름 대신 불린

의미 없는 숫자들
　날마다 바뀌는 지형과 저녁이면 잊힐 암구호들

　눈꽃처럼 날아와 박히던 총알들

　고단한 아침잠을 깨우는 노래들을 기억하지만
　그 노래를 부르는 아침은 다시 오지 않겠지

　흰 빵과 뜨거운 수프가 있는 곳은 어디일까
　새벽의 플랫폼에 서서 잠시 흥얼거릴 뿐

　불을 붙인 몇 잔의 술로 씻어낸 오래된 상처들과
　처음부터 알지 못했던 서로의 이름은 끝내 알 수 없겠지

　천막을 걷고 마을을 떠나는 서커스단처럼
　죽은 새의 깃털을 어깨에 얹고
　저마다 일몰의 장소를 향해 떠나 다시는 만나지 않겠지

발자국은 꽃잎 모양

―

누워서 책을 읽는 사람

서서 글을 쓰는 사람

실재보다 더 아름답게 사물을 비추는 그림 속 세 개의 거울

하얀 머리와 하얀 수염을 기르고 유령처럼 흔들리는 거울 속 남자

중절모를 쓰고 지팡이를 짚고 낡고 긴 겨울 코트를 입은 또다른 남자

밤이 깊을수록 빛나는 동굴 속의 방

빛나는 어둠 속 누가 또 있나

난로의 불꽃

―

끓어오르는 물

뉘우치지 않는 사람

몇 년간의 불면 이후 그녀는 그의 거울을 깼다

사모바르에 담긴 한겨울의 이야기

사천구백구십칠 개의 눈에 내리는 밤

누가 걸어가며 세상을 읽는다

간격을 유지한다

지도의 끝자락

―

그토록 깊은 낭떠러지인 줄 알았다면 가지 않았을까

희미하게 빛을 잃어가는 안개꽃이 보입니까, 단일한 상황 직면한 현실, 그것을 바라보는 것은 위험한 일입니다만, 가을 국화 이 길에서 당신을 만난 적이 있습니다

검은 절벽을 끼고 끝까지 달려가면 희고 둥근 지붕이 있는 집들
길가에 세워진 작은 성상들이
그 길에서 사고를 당한 사람들의 기념물이었다는 건 나중에 알았잖아

쇼윈도 속 마네킹이 나무로 만든 푸른 관을 쓰고 서 있습니다, 벼락에도 맞지 않는 관, 부단한 고뇌와 초월적 세상과의 충돌은 위험회피심리지수를 높이는군요, 완전한 자연산인 보랏빛 소국들이 그 길에 피어 있습니다

땅바닥에 바짝 붙어 자라나는 가제트형 들꽃들과
해변으로 내려가는 가파른 계단

―

기억해 작은 예배당
사진을 찍으려다 넘어져 은빛 반지에 실금을 남겼던 돌담
이따금 어린 당나귀들이 무언가를 싣고 그 길을 지나갔지

왜곡의 주요인들을 정당화해야 한다고 스스로에게 납득시키려 애쓰는 출근길, 불만스러운 이론은 있을 수 없다는 지시를 받았지만, 회피하고 싶은 이야기들 청산을 위한 모든 조건들 위험천만한 도약은 있어서는 안 됩니다

바다 저편에서 바람이 불어오는 밤이면
순식간에 거리는 텅 비고 찢긴 차양들만 펄럭이곤 했지
해안가에서 찾은 조개껍질과 그물조각으로 만든 벽화가 있던 시절

보고서에 의하면 칼날을 계속 문지른다면 언젠가는 불꽃이 일어난다고 되어 있습니다, 가느다란 반지에 난

상처를 어루만지며 꿈꾸던 건 무엇이었습니까

  색색의 가면을 쓰고 커다란 풍선을 든 사람들
  꽝꽝 음악소리는 등뒤로만 흘러가는데
  바다에서 불어온 바람이 침을 뱉고 다시 바다로 돌아가

나쁜 시절 국경 근처

>
> 재능이 있더라도 황금 날개를 달지 못하면
> 바닥을 기어다니다 죽음을 맞게 되리
> ─질베르

굴뚝을 청소하러 마을로 내려왔던 아이들은 산으로 떠나고
룬 씨는 다시 혼자가 되었어

룬 씨를 위해 노래를 부른다던 귀뚜라미는 첫서리에 죽어버리고
사냥개들이 우는 소리

죽지는 않았지만 모두 눈멀어버린 이들의 마을에

언덕과 들판과 먼지와 재 속으로 첫눈이 내려

눈송이들이 지붕을 덮고 처마를 덮고 유리창을 덮고
긴 겨울밤 긴긴 봄 꿈도 덮으면

모욕이 사라지나

검은 암탉들이 죽고 새로운 빛이 당도할 때까지

영광은 내 미지의 거처를 알지 못하니
나에게만 매력을 지닌 노래
눈물 젖은 노래를 나 홀로 부르리

룬 씨가 흥얼거리네

아, 그래도 눈물은 싫지
깨어진 사기조각이 행운을 가져다준다는 말은 누가 했나

금이 간 유리잔

ᛈ

씨앗을 좀 구하고 싶어

🌱

초록 싹이 나오는 씨앗을 구하고 싶네

🌱

이곳은 잠수함과 탱크 우주선도 만들 수 있는 재료를 판다는 곳
씨앗은 어디에 있나

큰 소리로 계속 웃고 있는 여자와 신발을 만드는 남자
중국 만두를 파는 오래된 가게에 사는 소녀
개인 묘지가 있는 한의원 검은 상복을 입은 한의사
보자기를 펼쳐놓고 모조 시계와 도금한 수저를 파는 여자들

반월도로 시든 이파리를 쳐내면서 배추 한 통을 내미는 남자에게 룬 씨는 말하지

고맙지만 지금 찾고 있는 건 씨앗이라고 그걸 흙속에 심으면 언젠가는 초록 싹이 나와야 한다고

태양빛이 무덤 앞에 서 있는 사자의 눈에 비추면 죽은 자도 다시 살아난단다
카펫을 짜는 나이든 여자들의 노랫소리도 그치고 어둠 속으로 사람들이 사라지네
책과 우산과 차표가 든 가방은 어디에 두었을까
가방을 찾아야 문이 닫히기 전에 여기를 나갈 수 있을 텐데

먼 데 산은 찢어지고 오아시스 바로 옆은 낭떠러지
나무로 벽을 만들어 세우고 무너지고 또 세우고
줄줄이 늘어선 나무로 만든 상점들

어디에도 출구는 보이지 않네

벽이 무너지는 것을 보며
이렇게는 살 수 없다고 눈물을 흘리며

지난겨울 눈 폭풍 속에서도 초록 싹이 나오는 씨앗을 갖고자 했던 룬 씨는
허접한 풍문과 낭만적인 기대와 불확실한 희망으로 충만해 지금껏 살아 있지

빙하가 녹은 물을 먹으며

파국은 아니야

다시 헬레네

Moon지방의 거주자들

―

열정 멈춤 응시 너무나 많은 일
가까운 미래 모든 것을 내려놓고 가볍게 물속의 얼굴을 바라보며 돌파구
왜 그렇게 잠 못 드는 밤이 많았습니까 당신은

아무도 모르지 깊은 곳 깊은 어둠 검은 물이 무서워

잠 속의 밤 밤 속의 밤
모로 누운 사람 등에 칼이 꽂힌 채 엎드린 사람
이 모든 것은 더 멀리 가기 위한 길
문을 열고 새로운 길로 나가야 합니다
당신을 위한 결정 모두에게 좋은 선택
망설이지 말고 더 멀리 가기 위해 천천히 산책부터 시작해야 합니다

봄에서 여름으로 불이 성하고
환절기 많은 일이 있었습니다
당신에게 위로를 주는 전환점
여름의 전환점

―

고독하고 외로운 무인도에 당신은 홀로 있고
불을 피우고 나무와 불꽃을 소중히 여겼으나
우리는 다른 기후 속에 있어
새로운 결과를 위한 계획과 에너지가 필요합니다
주머니 속 돌멩이를 내려놓고 멀리 가기 위한 새로운 생각들

아무도 모르지 깊은 곳 깊은 어둠 검은 물이 무서워

외오로운 외다로운 황량한 내일을 위해 희생되는 마음
그러나 구름이 걷히면 보이는 빛 저기 희미한 빛
새로운 힘을 찾아 따뜻한 곳을 향해 움직여야 합니다
환절기의 끝을 향해 갑시다
금지하는 것을 금지하며 하나의 물방울을 간직하며

*아무도 모르지 깊은 곳 깊은 어둠 검은 물이 무서워
무엇이라도 붙들고 떠내려가지 않으려 버둥대던 기억
완성을 바라는 마음은 깊은 물속으로 가고자 했으나*

그것은 물이 아니고 검은 장막 검은 진흙탕 검은 포즈

아무도 모르지 깊은 곳 깊은 마음

밤과 낮으로부터 멀리 떨어져
홍 진

이 오랜 연예는,

기원전 203년 한니발은
어쩔 수 없이 헤라 신전을 떠났다

  환하게 불을 밝히며 지나가는 밤 기차 웅성대던 한낮이 작별을 고하고 밀림 안쪽에서 서늘한 바람이 불어오면 어느 저녁 거리에 당신은 서 있습니까, 여행용 가방을 끌며 누가 지나가고 하나의 예언이 실현되려면 밤과 새벽의 잊히지 않는 기도와 눈물이 있어야 합니다, 비와 햇살은 제비꽃을 위해 존재한다고 말할 수 있습니까, 오랜 세기가 흘러간 뒤에도 달과 꽃과 책은 끝내 우리 곁에 남아 있을 거라고 그 허물어져가는 신전에서 우리는 언젠가 말한 적이 있습니다

  눈으로 뒤덮인 이끼와 돌무덤 상상 속의 테바이드 이것은 가벼운 유리잔이 아닙니다, 벽난로의 잿더미가 다 식어갈 때까지 바라볼 수 있으면 좋겠다고 말합니다만 운세를 바꾸어 이 절기가 끝나기 전 우리는 가장 아름다운 예복을 입고 어디로든 출발할 수 있을지도 모릅니다, 희망도 체념도 없이 연기에 찌든 채 얼굴을 가린 우리는 어디로 갑니까, 오래도록 잠이 오지 않는 환한 밤, 밤의 강물 속으로 눈은 번성하고 쏟아지고 누가 남기고 간 외투처럼 펄럭이는 눈, 밤이 깊을수록 지나온 발자국을 푹

푹 지우며 눈 쏟아집니다

광대를 보내주오

북해로 옮겨진 말라카아의 술집은 다시 돌아올까
모퉁이를 돌아도 바다는 나오지 않아

매일매일 너를 기다렸네
형언할 수 없는 선의의 말들을 되뇌며
매일매일 너를 기다렸네

하나의 태풍이 가기 전 또다른 태풍이 다가오고
실로 짠 레이스로 정원의 꽃나무를 싸매고
덧문 안쪽에 잠든 사람들
서로 부딪치며 덜컹이며 안도감을 느끼는 바람
상처란 단지 마음에서 오는 것
다 지난 일이라고 말하던 입술에도
허공을 가르는 새들의 비행처럼 생겨나는 한없는 여백
긴 싸움이 지나고 한 세기가 지나도 잡초는 우거지지 않으리
잉크 한 병과 깃털 펜 한 자루
세상의 길이 한 점에서 만나는
이 세상에 태어나야만 들려줄 수 있는 이야기

매일매일 너를 기다렸네

자신에 대해 말하다

나는 진흙과 눈물로 너를 빚었지
깊은 밤이면 얼굴을 가리고
회향 줄기 속 불씨를 두 손 가득 가져다 네게 주었지

어디가 아프거나 상심했거나
갈 곳 없는 육신들은 다 내게로 오고 이름은 오지 않았다
끝내 오지 않았다

큰물이 지고 물이 밀려든 자리엔 길이 없어지고
나는 점점 더 높은 언덕으로

누가 책 한 권을 주며 예전 책에는 없는 부분이고 상위 개념의 문제라 한다
내일은 이 책을 같이 펴볼 새로운 무리가 올 거라 한다

물이 밀려드는 걸 지켜보며 두려움에 덜덜 떨며
이미 만난 적이 있던 사람과 새로 도착하는 사람과
무엇인가 중요한 일을 하기 위해 여기에

곧 잊히고 말지만 지금은 몹시 중요하다 여기는 일

양볼을 꼬집으며 친분을 과시해보아도
별 의미가 없어요 그러나 지금은 중요한 일
서로를 죽일 수도 있는 일 그런 일을 위해 여기에

붉은 수염 붉은 머리털 속에는 노란 언덕이 세 개
노란 언덕 깊은 곳에는
빙글빙글 돌아가고 겅중겅중 뛰어다니는 닭다리 위 오두막

불꽃을 뚝뚝 떨어뜨리며 활활 타오르며 목소리가 말한다

나를 버려

美國의 탄생
—나는 너에게 말한다 이 슬픔이 나의 연인이라고

온몸이 부서진다, 부서진 몸은 따로 떨어져 필사적으로 어디론가 가려 한다, 길이 아닌 길, 길이 없는 길, 아무도 없는 길, 물소리 바람소리 새소리 나뭇가지들이 바람에 흔들리는 소리, 폭풍우, 아무 곳으로도 갈 수 없다, 보이는 모든 것이 길이 아닌 길, 길이 없는 길, 아무도 없는 길, 할 수 있는 게 아무것도 없는, 없는 길

𝄽

말없이 눈물 없이, 낮은 길고, 침묵은 깊고, 외면은 단단하고, 모든 것은 상상이 아니라 현실, 두 눈으로 목도하다, 목격하다, 마침내 깨닫다, 부러진 사과나무 부러진 자작나무 바람에 날아간 차광막 희디흰 차광막, 날아가 부러진 목덜미 급하게 늙은 목덜미

𝄽

밤이면, 밤은 길고 길고 길고, 천장은 벽 밖으로 늘어난다, 늘어나는 천장, 천장이 늘어나면 어떻게 되나; 늘

어난 천장은 모든 밤을 덮나, 늘어난 천장은 늘어나고 늘어나 어디로 가나, 무엇을 덮나, 늘어난 천장 아래 무엇이 있나, 너무 늘어나는 천장, 늘어나고 싶어 무너지지도 못하는 천장, 경계는 없지, 늘어나고 싶어 무장무장 늘어나는 천장

♩

오해가 왔다, 오해라는 탈을 쓰고 나타난 오해, 오래전부터 숨어 있던 오해, 오해는 죽지도 않고 끝끝내 오해, 오해의 다른 자매들의 이름도 모두 다 오해

♩

달이 기나긴 윤회를 마치는 마지막 저녁이다

♩

오, 이 아 고

♩

이건 현실일까 꿈일까

♩

이토록 명백한 슬픔이라니

♩

미치게 좋아

잎새 뜨기

잘 가, 영원할 줄 알았지 그런 건 없다는 걸 알았지만

하루에 하나씩 작은 변화를 긍정적으로 생각하며
삶이 제공하는 최선의 것을 소유하며

해가 뜨고 해가 지고
강물에 발을 담근 짐승 한 마리가 망설이고 있어
건너편에는 천천히 기슭을 떠나는 그들의 무리

못다 한 말 하고 싶은 말이 많았지만
겨눠진 총구는 돌이킬 수 없고
새로운 것 다른 것을 찾아 표류하는 마음을 구할 수는 없었지

포도나무 새순에 떨어지는 늦서리를 촛불로 녹이며
검게 일렁이던 시절은 가고
불현듯 어둠에서 벗어나 모든 것을 기억하는 시간이야

오래전 범람을 두려워하며 도망쳤던 강가의 강물이

여기까지 따라와 흐르고 있어

의도하지 않아도 흐르는 춤 흐름을 따라 추는 춤
그런 것이 필요하다고
이편에 두고 가는 것들은 그 몇 배로 언젠가 되돌아온다며
강물은 흘러가지만

거짓말 속에서 헤엄치고 거짓말을 들이마시고
거짓말에 종속된 날들

흘러간다고 해서 모두 합쳐지는 건 아니라고
실금 속으로 스며들며 고이며 썩어가는 강물이 속삭여

헬레네

마법 환등기
—공장에서 빠져나가기

가슴에 총을 맞은, 그러나 상처는 오래전부터 총이 아닌 일종의 독, 알게 모르게 들이마신 항상 떠돌던 공기 중의 독

어떤 식으로 죽을지 그건 스스로 선택할 수 있어야 하지, 누군가 그걸 강요할 수 없지, 그리하여 어떻게 죽어가야 하나 생각하고 생각하는 동안

저 먼 강가에는 아무런 형체를 갖지 못한 채 웅크리고 있던 것들이 일어서고 또 일어선다

어딘가로 떠나면 그곳은 새로운가, 보이는 모든 것이, 다 지난 날, 지난 마음, 지난 사람, 어디로 가도 무엇을 해도, 다 지난 일, 지난 마음, 지난 사람

보이지 않는 것들은 보이지 않는다고 해서 없는 것이 아닌 것, 알지 못한 것이 오랫동안 삶을 지탱해온 것이라고, 혼란스럽지만 마음이 바뀌기 전에 말한다, 나는 이 얼굴밖에 없다

고통스러운 그림자는 극복되어야 한다, 극복될 것이다, 새로운 그림자는 아직 드리우지 않았다, 받아들여지지 않았다, 천천히 숨쉬며 기다린다, 아는 것, 알고 있는 것, 깨달은 것이 명확해지기를

따뜻한 수프, 따뜻한 웃음, 날아가버리고 식어버리는 따뜻함
그러나 눈물을 다 닦을 때까지는 그대로 있어줘

이해할 수 없는 슬픔, 이해할 수 없는 웃음, 이해할 수 없는 침묵, 다만 짐작하고 느낄 뿐, 고로 나는 이해한다, 알고 싶었던 진실, 온통 오해뿐인 이해

별다른 건 없고 또하나의 생이 끝났다

1933년 4월 14일 설립된 경성원예학교는, 1963년 8월 10일 장충중학교로 변경되었다

중대부속고등학교가 경성상업고등학교이던 시절의 일

기대하지 않아도 시작되는 또다른 생

나는 나 이상의 어떤 무엇이 있다고 생각했던 것 같다

거리, 밖, 밤

그새 바람이 또 불어갔군요

정원 가득 빗질이 지나간 자리 바람의 물결이 구불구불 새겨졌습니다

바람의 물결을 타고 흘러가기

산비둘기 깃털 당신의 눈썹 자르기 전 긴 머리카락

남은 집 서쪽으로 기우는 이파리

사소한 것들이 흘러가고 뭉치고 다시 흩어지는 시간입니다

차라리 일찍 피었다 떨어진 벚꽃잎이었다면

봄날 채색화처럼 한 폭의 그림으로라도 보였을 텐데

허공을 떠돌다

마당 가운데 떨어져 이리저리 흔적을 남긴 비닐봉투
처럼

　내내 말할 수 없이 미안했습니다

　거기 떨구고 온 내 마음

차가운 물에 사는 물고기 요리법

문화적 노선에 따라 목소리가 들리지 않는 연주곡 중심으로 중간계급을 위해 꼭 필요한 고전극과 당신과 내가 모두 참여할 수 있는 공연 아름답고 섬세하며 하찮은 시간을 검열받지 않는 한때의 공허 노동 시간으로

취한 밤이면 옆자리로 슬그머니 다가와 앉는 가버린 사람들의 기척을 느껴
왜 구름 식당의 주인은 잘 웃지 않을까
누군가 그에게 바나나 맥주에 대해 물었을 때 미소가 잠깐 떠올랐지만

예술가와 사기꾼들의 골목에서 웅웅대는 앰뷸런스
스스로 고립된 지붕 위의 청소부
피아노를 치며 카레를 만드는 센티멘털 요리사
가슴을 드러낸 채 공놀이를 하는 타타르 여자

그 아가씨는 떠돌이

코니아일랜드 자기

우리 따뜻한 난로가 있고 머리맡에도 발밑에도 책들이 있고
그때 초록 의자에 앉아 얼마나 좋았니
음악은 끝도 없이 흘러나오고 몰라도 좋고 따라 불러도 좋았잖아

차게 얼굴을 때리는 빗줄기 바람 속에서
우리는 또 얼마나 시시덕거렸니
잔은 비워지지 않고 음악은 끝날 일이 없다고 생각했지 또 오해였나

노래가 끝나면 우리는 거리로 나가야 하고
건물마다 길목마다 저격수
자기는 나에게 미등록 다 열지 않은 파일
그게 그렇게 못마땅했니

코니아일랜드 자기
어리석은 풋내기

아시다시피 보시다시피 로맨스는 없어

잉크병 속에 남은 전나무 꿀

어두워지는 행성의 저녁에서
어두워지는 반도를 물끄러미 바라보며
한 잔 차를 끓이고 있을 때면
밤은 비단처럼 부드러워지고

한세월 잊었던 꿈처럼
지구의 처마끝에 매달린 고드름이며
불곰들 연어를 잡던 풀이 무성한 개울 생각

모든 것이 있다고 생각한 날이 있었지

모든 것이 사라졌다고 생각한 날이 있었지

밤새 찻물은 끓어오르고
어두워지는 반도를 물끄러미 바라보다가

인생이 이렇게 어두워서야 쓰겠나 싶어

어두워지는 반도 옆에

등불을 걸어둔 적이 있었지

고드름이 다 녹을 때까지
지구의 처마끝에 서 있던 적이 있었지

인생이 이렇게 어두워서야 쓰겠나 싶어

홍학떼가 있는 폐허

이 헹가래를 이 세리머니를 기억합니다
그물을 흔드는 건 감탄사

붉은 사이렌 소리 그치고 가로등 아래 비
코앞까지 들이닥친 불길은 겨우 잡히고 바야흐로 잔불 정리의 시간

𝄽

가느다란 빗방울

빗속에서 씨를 뿌려요

𝄽

산사나무와 버섯만 먹던 공룡은
어느 날 이 모든 것에 싫증이 났어
그래서 일단 떠났지

옛날의 동계에는 실직국이 있었대
예맥과 태봉을 다 버리고 사람들은 실직으로 왔지
실직의 왕이 시를 쓴다니까 시 한 수 배우러 왔는지도 몰라

그곳의 아름다운 왕은 밥도 먹지 않고 차만 마셨다는데
차를 마시며 먹는 호두 세 알이 식사의 전부였다는데
아무튼 시 하나는 기가 막히게 썼다는데

실직국에서는 밥 먹는 것보다 시 읽는 것을 좋아해
식량이 지천으로 남아돌았대

신하들은 상소문도 시로 쓰고
누군가를 탄핵할 때도 검보다 강한 시를 지어
가만히 듣고 있다보면 눈물이 쏟아지고
뉘우치는 마음 용서하는 마음이 저절로 들었대

시로서 이룬 나라가 실직국이었으니
백성들은 모두가 아름다운 이름의 집을

봄 여름 가을 겨울별로 가지고 있었는데
무해한 나무 뱀도 있고, 은가루 나뭇잎의 겨울 노래도 있고 크리스마스 도서관도 있었대

♟

가느다란 빗방울

비가 오면 쑥쑥 자라는 새싹들

우리는 옛이야기를 읽으며 동화책을 읽으며
어휘리더를 독서리더를 논리리더를 익히고 리더 중의 리더가 됩니다
소크라테스는 꽃 중의 꽃 멀리까지 가고 싶다면 오렌지색 손을 잡아요

탱크와 장갑차가 서 있는 길목의 가로수는 벚꽃과 은행나무와 낙엽송
가로수는 가로수답게 갈봄여름 없이 피어나고

색색의 포인트 색상을 가진 목양업자들이 다 돌아간 한밤이면
　남몰래 집니다

　새끼 염소들 울음소리 판자로 만든 한우리 속 요람
　운세를 바꿔요

　더 어두워지기 전 오렌지빛 등불을 문가에 걸어요
　포도나무 넝쿨을 오래 바라본 짐승의 눈동자 같은 밤
　깊어갑니다

　그늘로부터 멀리

　오렌지색 피로 물들여요

청바지의 탄생

푸르른 물의 정령과 이상주의자들 계절노동자들
우리는 함께 즐기며 모든 일을 이루어가야 합니다

이 꿈을 포기하지 말고 천천히
급하게 이루어지는 꿈은 아니라서 천천히
긍정적인 마음으로 함께 마주보며 웃으며

우리는 어여쁘고 선량하고 가난한 사람들
당신은 당신의 길을 잘 가고 있고
당신의 슬픔은 내 취향

함께 갑시다
삶을 희망과 열정으로 바꾸며

확신을 가지고 자신감을 가지고
더이상 애달파하지 말아야 합니다

아름다움을 추구하는 당신은 좋은 소식을
즐겁게 웃을 수 있는 시간을 가져야 합니다

가장 중요한 핵심은 더 넓은 이동과 변화
새로운 성장을 위해 변하지 않는 안정
의지를 가지고 더 나은 상황으로 바꿀 수 있는 마음을
가져야 합니다

바다를 건너 이국의 땅으로 개척지를 향하여 첫발을
고단한 밤은 다 지나고 결핍은 이제 그만

손을 잡고 함께 갑시다
좋은 답을 가지고 끈기 있게 문 앞에 섭시다

어떤 여정을 시작할지 선택
당신의 직관이 원하는 방향으로 선택

우리의 색은 오직 하나

사랑했다는 뜻

―

도마뱀의 잘린 꼬리에서 새 꼬리가 돋아나듯
대나무 우리 속 귀뚜라미 울음소리가 크게 들리고
저물녘 도착한 낯선 도시 식당의 음식냄새가 그리워진다면
다시 어디론가 떠날 때가 됐다는 뜻이지

외투를 팔아 차표를 샀어 그곳에 두고 온 기타가 있거든

연주를 하지 않을 때는 오래된 지도를 보거나 바람에 쓰러진 나무를 치워
매니저나 소속사 같은 건 없어
만들어놓은 곡은 많은데 어디 한번 들어보자고 하는 데도 없지

연주를 어떻게 시작했는지 출신이나 따지는 사람들한테는 이렇게 대답해
나는 뜨내기, 기타는 트레일러에서 혼자 익혔어
대중의 취향은 몰라 하고 싶은 연주를 할 뿐
혼자 꿈꾸고 스스로 별빛이 되는 거지

―

색색의 옷을 입은 사람들이 내 리듬에 맞춰 발을 구르고 몸을 흔들어
 꿈에서는 모든 것을 만들지
 시간은 꿀로 만들어 이건 느리고 달콤한 내 친구들만 아는 것

 나는 별자리가 새겨진 손바닥으로 기타를 움켜쥐어

 그곳에는 겨울 스웨터가 많데
 당장 외투를 팔아 차표를 샀지

 그곳에 두고 온 기타가 있거든

다락방이 유행하던 시절

―

오늘은 이 거리에도 가을이 와
옛 외환은행 본점 옆 헐한 대나무 숲에도 감물이 들어
무기계약직 소리 없이 늙어가는 선한 사람들 눈썹 끝으로도 가을은 와
월정사 산국화 같은 너는 멀리 춥게 빛나는데 네가 없어도
나는 나에게 열광하고
네가 없어도 생수를 주문하고 고지서를 챙기고
네가 없어도 혼자 이 모든 것을 할 수 있지
이 집은 비번이 없으니 일층 현관에 물건을 두라고
주문서에 메모를 남겼어
그리고는 잃어버릴까봐 일을 하는 내내 걱정이 됐지
빈집 최소한의 온기뿐이었는데 난방비는 변함이 없더라
마치 네가 와서 창문을 다 열어둔 채
바질이랑 배롱나무에 물을 주고 밤새 책을 읽고 요리라도 한 것처럼
빈집 문을 열면 구석에서 피어나는 낯선 이끼냄새
오래된 나무뿌리를 태운 재냄새가 나
나를 기다렸을까 아니면 너를

―

자주 여행을 떠나던 시절의 우리를
배달된 생수병은 늘 놓던 자리에 두었어
언제라도 들리면 마실 수 있도록
우리는 사막을 다 지나온 걸까
느리게 자라는 나이테를 외면하며
이마는 땀에 얼룩진 채로
이만큼만 살아 이만큼만 남아 사막을 빠져나온 걸까
너의 반과 나의 반을 모아 하나의 죽음을 만들었지
사막에 두고 온 죽음 그건 좀 단단했으면 좋겠다
반만 남은 너와 나 멀리 갈 수 있도록
거기 남아 오래오래 부서지지 않았으면 좋겠다

반복하지 않는다

바람이 분다면 더 좋을 것이다

돛이 달린 배와 자동차

얼마나 놀라운 장치와 속력으로 달릴 수 있는지 알고 싶다면

처음부터 목적지는 없이

약간 떨어진 위치에서 잠시 정적이 흐른 뒤

천둥소리 비가 창문을 때리는 소리

그토록 오래

눈먼

조심성 없는 여행자가 되어

동굴 속에 잠든 파수꾼을 지나

깊은 진흙탕

잠시 커튼을 내리고

뭉치고 구겨지고 주름지고 포개지고 할퀴고

두 개의 악기가 같은 음을 내려 애쓸 때

내해의 어두운 땅

삶을 원하면서 죽음을 원하다

극에서 극으로의 선택
함께하기를 바라나 혼자이길 바라는 마음

흑과 백의 마음
더이상 어두운 마음으로 가지 않기 위해 순수한 마음 성숙한 마음

자신이 말하는 것을 믿지 않는 인간은 휴지보다 못하지 룬 씨가 말하네

♛

밤과 낮의 온도 차가 크다
비가 많이 내린다
엄청 춥고 눈과 얼음으로 뒤덮여 있다

문은 밖으로 열리고 문틀과 함께 떨어져나가고

쓰러지는 문짝을 붙들고 누가 인사를 한다

나는 아무런 적의가 없어요

　　　　　　　🏳

사막은 비가 거의 내리지 않아
낙타는 혹을 달고 혹에 들은 지방을 물과 살 수 있는 힘으로 바꾼다

야크는 바위가 많은 산에 살고

산에는 산양이 있고
산양의 두꺼운 털가죽은 종일 부는 매서운 바람과 추위를 막는다
더러 굶주림에 죽기도 하지만 언젠가 본 초원을 생각하지는 못하고

초원에는 반점무늬기린이 있어

포식 동물에게 잡아먹히지 않기 위해 위장을 하고
기만이 아니라 생존을 위해 초원의 잎과 그림자에 몸을 섞어 위장술을 쓰고

갈색목세발가락나무늘보는 나무 꼭대기에 매달린다
열대우림의 더위와 습기 속에 길게 구부러진 발톱으로
매달리기 딱 좋은 발톱으로 매달리고

추워 추워 무리를 지어 체온을 나누는 곳은 극지방
착한 옛날이야기처럼 황제펭귄들은 찬바람 속 함께 잠이 들고

붉은색 검은색 회색 색색의 꼬리를 닳도록 흔들어대며
침엽수 활엽수를 죽도록 옮겨다니는 청설모
온갖 나무에 구멍을 뚫고 애벌레를 잡아먹으며
부리가 닳아 없어질 때까지 이 나무 저 나무 쪼아대는 딱따구리

히말라야는 등뒤에 있다

오른쪽에는 오아시스 썬 그린
왼쪽으로는 레인보우 1미리 프로스트

🌱

빈 숲

🌱

나는 내 주님의 지하 저장고에서 마셨지
거기서 나와 드넓은 평원으로 갔을 때
더이상 아무것도 알 수 없었지
친구였던 무리를 나는 잃어버리고 말았네
이건 성 요한 〈영혼의 노래〉

내해는 지겠구나
강물들은 석양빛을 받아 반짝일 거야
그것이 네 마음에 들었으면 좋겠다
네 마음에 드는 작은 돌들이 많았으면 좋겠어

이끼가 돋은 작은 돌과 진흙에 반쯤 묻힌 돌멩이
차갑고 신선한 강물에 잘 씻어 품에 안고 돌아가겠구나
나무 창가나 초록 등잔 밑에 두고 내내 바라보겠구나
언젠가 종로 혹은 광화문 거리에서 내가 손에 쥐고 있었을지도 모를 것들
나는 놓친 적이 없는데
내 앞의 절벽 강을 따라 흘러가던 것들
그건 다 어디로 간 걸까

그래 이제 너는 평화를 얻었니

￼

깊은 바다 깊은 곳에는 심해아귀

사람들이 살지 않는 것으로 알려진 항구

오래전 후추가 난다고 여겼던 곳

남극의 장미

모든 전쟁이 끝났을 때 나는 혼자였다

검은 숲 나무들
이리저리 흔들리는 푸른 연기를 뿜으며 기차가 정차하면
커다란 머플러로 얼굴을 감싼 류머티즘을 앓는 여자들

봄날의 보급품은 오지 않을 것이다

어두컴컴한 새벽 공장의 불빛 속으로
비틀거리며 생은 또 계속되고

밤새 바다로부터 밀려와 머리맡을 지나가는 물소리

처음부터 돌아갈 별 따위는 없었던 거라고
한 번도 보내지 않은 편지를 쓴다

진지한 여공

아무도 별들의 수를 알지 못하리

광장에서 파는 이름들에 서린 빛과 오해

한 가지 이유만을 위해 살다 죽는
알려지지 않은 이들의 알려지지 않는 슬픔

사랑하지 않아

기다려

마침내 새는 폐허를 떠나고
찢긴 구름 속에서 쏟아지는 눈발

누구는 삶을 바꾸라 하고 누구는 버리라 하는데

끝내 너는 나를 모르고 나는 너를 모르지

부빙들이 천천히 녹아 흐르는 봄날 저녁

아르마니 꼼데가르송 정장을 입은 장미셸 바스키아 씨는

소호 거리 자신의 이층 작업실에서 예술을 하고

붉은 버스를 잘못 내린 누가 커다란 가방을 메고 강둑을 걸어가네

낱말도 없이

눈물도 없이

쥐뿔도 없이

프랑크푸르트의 신식 부엌

언젠가 한번은

신선한 퓌레를 갈아넣은 누벨 요리를 먹고

일랑일랑 로즈우드 가득한 욕조에 눕고 싶어

저녁에는 마차를 타고 오페라극장에 갈래

노래하고 춤추고

아트를 하고 혁명을 하고

햇빛 공기 주택을 누구에게나

굴뚝에 찬바람이 들면

뜨거운 뱅쇼를 마시고

아침엔 일어나지 않을래

산책에서 돌아오지 않기

―

 전나무는 옛날식 정원처럼 무성하게 그림자를 피워내고, 정원은 이렇게 만들어지는 거라고, 나무란 이렇게 낭만에 찬 바람을 모두 불러내 지붕과 첨탑 위에서 풍향계가 쉼없이 돌아가게 하는 거라고 너는 말한다

 내내 나빠질 수 있지만, 기가 막히게 이 모든 것들이 아름답다고 생각하게 하는 그런 생각

 반쯤 주문에 걸린 것처럼, 지금 영혼은 삶의 무한한 가능성으로 황혼처럼 물들어 결연히 어딘가로 가려 하나, 살을 에는 꽃들의 슬픔으로 가득한 겨울의 숲 저녁 무렵

 전나무가 길게 늘어선 숲, 꽃들은 눈처럼 향기롭게 떨어집니다, 발밑으로 길어지는 당신의 낭만, 그러나 내가 기억하는 건, 꿈꾸는 이상적인 울적한 하루가 전부여서, 마른 꽃들은 발밑으로 떨어지고, 나무들이 바람에 흔들리며 허밍을 하는, 이 낡고 오래된 집에서도, 왜 꿈은 오래 꿈꾸던 꿈일 수가 없는지

하나의 애도 하나의 기념 하나의 취향, 애호가들을 위해 천재성을 보이지 않았다는 이유로 제외되는 기회들, 그러나 개구리를 해부하는 방식으로 나를 파악할 수는 없어요

끊이지 않는 중얼거림 땀에 젖은 머리카락, 오늘도 펜을 손에 쥐고, 끝없이 드러나는 고귀함을 보이며 정원을 거슬러가며 이끼로 뒤덮인 벽을 넘어 바다를 건너, 무엇이든 물들여보겠다며 씨앗은 날아갑니다

아프리카의 해

―

열린 창문 바람이 불고 나뭇가지들이 바람에 날려 들어온다
구름이 빠르게 지나간다

머리칼이 붉은색으로 자라는 밤

구두를 신고 의자에 앉아 있을 때 기둥을 감고 올라가는 꽃잎들
피어나는 시든 꽃 시든 꽃잎

달 속에는 의자가 있다 비어 있는 의자

달 속의 빈 의자를 사람들은 알아보지 못한 채 지나가고
지나가는 사람들은 끝없이 밀려온다

지나간다

열쇠는 여기 어딘가에 있다고 한다

―

어디에 맞는 열쇠일까
아무도 열쇠를 찾지 않는데

천둥 번쩍이는 천둥 그리고 비가 내린다

무지개

너는 아름다운 술사 존경과 사랑을 받는 영험한 술사
그런 너는 시장 거리 알루를 애착하여
아홉 개의 달이 빛을 품었다 지도록 함께 지켜보길 원했으나
거리 모두와 입맞추지 알루는
있던 거리 오래된 거리 새로운 거리
거리 누구라도 상관없지 알루는
눈길이 마주친 모두와 춤을 춰 알루는
젖과 꿀이 좋아 알루는 어디든 가지 알루는

…… 자렴, 더 자, 여기 어깨에 기대고, 너의 배가 숨쉬는 게 느껴져, 너의 숨결은 얼마나 어지러운지, 자, 그리

고 한밤중에, 이제부터, 시작되는 긴 밤에, 내 안이 아닌 다른 곳으로 네 꿈을 찾아가진 마, ······*

   붉은
   검은
   독을 머금은 달

   지나간다

   끈 바퀴 시간 숨 피
   심장에 꽂힌 칼은 세 개

   있는 사람
   잊는 사람

   지나간다

---

* 파스칼 키냐르의 『사랑 바다』 속 한 구절을 변형해서 인용했다.

너는 너를 사랑하고
너는 너를 아끼고
너는 너를 그리워하고

이것은 진실에 가까운 이야기

지나간다

물위에 떠 흔들거린다
정해진 것도 경계도 없이

푸른 월계관을 쓰고
구름으로 치장된 몽상과 가면을 쓴 우기의 축제와 친분 없는 문지방을 지나
너는 너무나 먼길을 걸어왔다

너는 이제 이 모든 것을 다룰 수 있다

상처를 싸매며 새로 꾸는 꿈

폐허 속에서 쉬는

쉼

지나 간다

먼 데서 온 사람

처음엔 한 방울씩

며칠째 비가 내리고

뿔 나팔을 입에 문
가마우지 울음소리
여섯씩 일곱씩
떼 지어 춤추는 물고기들

사람들이 말하길
폭풍은 완전히 멎었다고

진흙을 바른 묘지의 담벼락이 천천히 허물어지는 동안

사향 장미는 깨진 창가에 싹을 터트리고
흰 가시와 붉은 가시들은 서로 엉켜
속삭이는 담쟁이들의 골짜기를 회색으로 물들인다

너는 천천히 몸을 구부린다

이마에 피를 흘리며

부러진 양들의 뿔과 빗자루
추락하는 만사에 관해

어제와
오늘
그다음까지

너만 아는 문자로 기록하기 위해

조선어독본 첫째 권

 바른 독법과 틀린 독본, 말을 배울 때는 먼저 그 소리를 잘 듣고 그 소리를 똑바로 내야 합니다 그리고 그 뜻도 잘 알아야 하는 것입니다, 그런데 조선말에는 여러 가지 소리가 있고 지방에 따라 사투리가 있어 서로 알아듣지 못하는 수가 많습니다 그러니까 표준말을 써야 하는 것입니다,

 소나무 버드나무 두루미 미나리 바지저고리, 아름다운 헬레네 나는 당신을 그리워합니다 그러나 또 나는 당신을 떠나고 싶습니다 아름다운 헬레네 미칠 것 같은 마음은 무엇입니까 무엇에라도 취하고 싶은데 그럴 수 없는 마음 매 순간 당신을 죽이고 끌어당기고 짓이기고 치장하고 오려내고 찢고 파내고 파묻습니다 눈썹 끝에 매달려 보이는 모든 것이 당신이었다가 저주였다가 슬픔이었다가 상실이었다가 아름다운 헬레네, 매 순간 공든 탑은 무너지고 콩 심은 데 쓰레기 나고 팥 심은 데 쓰레기 나고 이건 종자를 잘못 고른 탓이지 원래 콩은 원래 팥은 그러지 않지 그러니까 웬만하면 같은 일로 두 번 울지는 말자고 썩 훌륭하게 저무는 시대 저 무슨 시대 정

묘한 기계의 발명 경탄할 만할 언문 창가에 걸터앉아 긴 머리를 빗으며 암살자가 당도하기를 기다리는 뼛속까지 덜덜 떨리는 고독 폐허를 멀거니 내다보며 위험해 위험해 중얼거리는 눈이 간간히 내리는 저녁 붉은 코트를 입고 공사장 한구석 계획 없이 죽어간 무참함이 여기 있습니다 아름다운 헬레네 손에 잡히지 않는 일 어두운 복도 안쪽 청동검을 들고 있는 속이 텅 빈 병사 녹슬지도 못해 헐거워지고 싶은 갑옷 그 모든 시간은 헛되었다고 검은 바다를 지나는 바람이 속삭입니다 모든 것은 패망의 시간이었다고 기만과 배신이 오직 너에게 있었다고 너의 애인이었다고 저무는 황혼이 속삭입니다 아름다운 헬레네 치욕과 환멸의 잊을 수 없는 폐허 속에서 무너지지 않을 만큼씩의 높이로 여기저기 탑을 쌓고 또 쌓습니다 탑들이 모여 다시 위태로운 성을 이룰 때까지 아름다운 헬레네 그토록 오랜 더러운 잊을 수 없는 참혹한 이 구두 그 모자 저 보자기 나비 나비 오너라 노자 노자 나하고,

아름다운 헬레네

산문

함께, 산책에서 돌아오지 않기

———
김숨(소설가)

1. 거울 앞에서

당신은 표정을 지우고 거울 앞에서 노래를 부르네요.

빈집이 된 거울에 담겨 흔들리고 있는 얼굴은 아직 빛을 띠지 못한 별처럼 멀리서 오고 있고요.

가시 없는 당신의 노래가 내 심장을 찌르네요.

울음 없는 당신의 노래가 내 뼈들을 울리네요.

"내 곁으로 와. 함께 노래해." 당신이 날 거울 앞으로 부르네요. 씨앗이었다, 자라는 풀이었다, 외투가 되기도 하는 거울이 점점 작아지네요, 커지네요.

심장이 나이테 없는 나무토막이 되도록 사랑을 내어 준 마음은 슬퍼요. 평화를 얻고 싶은 슬픔이 야크가 돼 바위산을 걸어가고 있어요.

빈집이 된 거울에 고여 흐르는 최소의 온기. 그것은 당신의 손이에요.

어느 저녁에 당신이 낱말도 없이 야크의 눈동자에 쓰고 지우길 반복하며 이룩한 창문 아래, 산책에서 돌아오지 못한 이들이 물고기가 돼 떠다니고 있어요.

당신이 부르는 노래는 떠나보내는 노래.

당신의 말처럼 개구리를 해부하는 방식으로 사랑을, 삶을 해부할 수 없어요. 그래서 당신은 하나의 낱말로 하나의 낱말을 지우며 노래를 부르고 있고요.

당신의 모든 장식을 버린 언어들이 입고 있는 담담함은 일만 년의 용암을 품고 있어요. 하지만 사람들은 몰라요.

영영 깨어나고 싶지 않던 당신은 살아 있어요.

당신 앞의 나도 그래서 살아 있어요.

2. 숲 앞에서

오지 않아요.
가지 않아요.
만져지지 않아요.
보이지 않아요.

바람이 불어요.

당신의 시는 커다란 그물 같아요. 구멍들 속으로 빠져나가는 바람. 그 바람을 타고 당신은 떠나요. 떠나지 못해요.

당신은 구멍들을 메우고 싶어하지 않는 것 같아요. 그런가요?

(리산) *나는 촘촘한 그물을 원하지 않아요. 바람이 부*

는 저녁이면, 그 그물을 두고 새로운 그물을 만들며 더 먼 곳으로 가고 싶어요.

당신이 가고 싶은 먼 곳, 어쩌면 가고 있다고 믿고 싶어 하는 먼 곳. 그런데 나는 그 먼 곳이 먼 곳 같지 않아요.
구멍 언저리를 나선형 계단을 오르듯 맴돌고 있는 것 같아요.

(리산) 맴돌아요. 그 언저리를 맴돌면서 나를 그 언저리로부터 제외하고 열외시키면서 나 스스로 먼 곳이 되어, 계속 나는 먼 곳으로 가요.

'제자리에서 도착하지 않기를 계속하기'인가요?

(리산) 구멍 안에서 계속 맴돌 수밖에 없다면 나 자신이 낯선 것, 이질적인 것이 될 수 있어야 살 수 있을 것 같았어요. 현실이 꿈같고, 꿈이 현실 같은. 여러 겹의 삶.

먼 곳으로 가지 못하면서, 먼 곳을 응시하고, 먼 곳에

데려다놓기도 해요. 언어로. 당신의 여행은 언어를 그네 삼아, 버스 삼아, 비행기 삼아 다녀오는 여행 같아요.

(리산) 어렸을 때 얼굴을 가리고 낯선 사람들 속으로 가서 살고 싶다는 생각을 했던 것 같아요. 황혼녘이면 먼 바닷가 마을에서 젓가락을 두드리며 노래하는 작부가 되고 싶기도 했고요, 그곳에는 늘 누가 떠나고 떠나와요, 작부가 무슨 의미인지도 잘 모르면서 막연하게 사로잡혀 있던 생각, 그런 생각들은 내 관념 속에서 이루어지는 여행, 이곳에서 다른 곳으로 떠나는 어떤 모습이었던 것 같아요. 그 당시 라디오에서 많이 들었던 심야 방송, 영화음악, 제3세계 음악들 영향일 수도 있겠네요. 영화 〈안개 낀 밤의 데이트〉에 나오는 〈La Playa〉, 〈흑인 오르페〉, 황금심이 부르는 〈외로운 가로등〉, 몇 구절을 성우가 낭독하고야 첫 소절이 시작되는 옛 노래들, 새파란 꽃잎이 물에 떠서 흘러가는 봄날 저녁, 산홍이,

당신은 시에서 끊임없이 노래하고 있는 것 같아요.

(리산) 노래, 혼잣말, 노래라면 허밍, 가사가 있더라도 흥얼거림, 그런 것,

당신의 노래는 눈으로 읽는 순간 날아가버리는 노래. 눈으로 앙 물어서 붙잡을 수 없는 노래 같아요. 매달릴 수 없는. 눈으로 빨 수 없는 노래.
그래서 결국 가질 수 없는 노래.

(리산) 난 모호한 것, 어슴푸레한 것, 규정되지 않은 것, 계속해서 형태가 바뀌는 것, 무엇인지 알 수 없지만 없진 않은 것. 그런 것들에 끌려요. 그런 것들 대부분은 허망한 것이죠. 내 머릿속에 있는 또하나의 이미지는 전쟁이 끝나고 폐허 속에 혼자 앉아 있는 부족장 여인이에요. 내 전생의 한 모습. 30대 때 전생을 본 적 있어요. 허물어진 성터에 혼자 앉아 있어요. 무너진 마을을 바라보며. 나는 부족장인데 내 독선으로 부족들을 전쟁에 몰아넣었고, 그 전쟁에서 패했고, 나만 혼자 살아남았어요. 폐허를 보며 회한에 잠겨 있어요. 지금도 내게는 그 이미지가 생생하게 있어요. 폐허 속에 앉아 다른 곳으로 가야

하는데 하고 생각하면서도 폐허를 바라보며 계속 앉아 있는 듯한 기분이 들곤 해요. 울진 않아요.

당신의 시는 당신의 삶을 애도하고 있는 것 같아요.
당신은 죽지 않았어요.
당신의 삶은 오늘도 계속되고 있어요. 그런데 당신은 죽은 자의 삶을 애도하듯 시로 당신의 삶을 애도해요.

그리고 또, 그런데, 당신은 삶에도 아직 도착하지 않은 것 같아요. 그래서 만져지지 않는 걸까……

(리산) 당신의 그 말이 너무 위로가 돼요. 삶이 시작되지 않았다는 게. 그런 생각을 해본 적 없어요. 아, 그렇구나. 폐허에 앉아 있는 여자 이미지에 내내 갇혀 있었어요. 그 먼 곳으로 가서 새로 시작할 수도 있을 텐데.

당신의 시에는 당신만 있는 것 같아요.

당신의 시에 있는 당신은 안개처럼 흐리고, 형태가 끊

임없이 변하고, 움직이고 있어서, 끌어안을 수 없어요. 어루만질 수 없어요. 옆에 가만히 앉혀둘 수 없어요. 안고 잠들 수 없어요.

 (리산) 이런 시를 쓴 적이 있어요.

 "봄바람 치는 들판에 혼자 서 있는 것 같구나 나 자신에게만 도취되어 살았는데 더이상 그럴 수 없다면 도취된 내가 그리워하는 너도 없을 거야."*(시집 『메르시, 이대로 계속 머물러주세요』의 「공장의 출구 동백꽃을 가슴에 달고」에서)*

 시에서 나는 성별이나 나이 국적 이런 것들과 무관하고 싶었어요. 리산이라는 제목의 시를 쓰기는 했지만, 그것과는 다른 의미로, 나에 대해 말하기가, 그런 식으로 이뤄지기를 나는 바랐던 것 같아요.

 당신의 시에서 당신은 떠나고 있는데 머물러 있어요. 당신 떠남은 '떠나고 있다는 환상을 믿는 것'.

당신의 시는 삶과 죽음을 넘나드는 것 같기도 해요. 구멍 언저리라는 게 삶과 죽음의 경계선 같기도 해요. 현실과 꿈의 경계선 같기도 해요.

당신은 당신을 시 안에서, 시 밖에서 '죽은 자'라고 느끼기도 하나요?

(리산) ······혼자 산 자라고 생각했어요. 혼자 산 자이기 때문에 세상의 모든 기척을 더 예민하게 느낀다고, 이런 생각이 좀 힘들기도 해요, 본의 아니게 더 많이 상처받곤 하니까요.

"홀로 산 자인 나는 컴컴하니 빛나는 달빛을 먹고 무럭무럭 작은 빛들이나 낳아야지."(시집 『쓸모없는 노력의 박물관』의 「이븐바투타行」에서)

홀로 산 자. 홀로 산 자는 오히려 홀로 죽은 자가 아닌가 싶어요.

현생을 살고 있으면서 현생을 전생으로 믿고, 전생을 이야기하고 있는 것 같은 생각도 들어요.

(리산) 더욱 외롭게 느껴지는 말이네요. 난 현실 감각이 없었던 것 같아요. 어릴 때 연극을 했었는데, 연극이 끝나고 무대가 치워지는 광경을 보면서 허무에 대해, 그 단어를 알지는 못했지만, 생각했던 것 같아요. 내가 살고 있는 현실도 어느 순간 연극처럼 막이 내리고, 박수를 치고, 인사하고 끝날 것 같다는 생각을 오래 했던 것 같아요.

궁금해져요. 홀로 산 자라는 환상, 전생이 당신을 힘들게 해요.

그것에 이 순간까지도 사로잡혀 있어요.

(리산) 오늘밤 산책에서 당신의 물음에 대한 나의 대답은 마치 사족 같아요, 꿈속에서의 일처럼 계속 미끄러지고 흘러가요.

당신은 그걸 놓고 싶어하지 않는 것 같아요.

 (리산) 어쩌면 환상이나 전생이 나의 본질을 이루고 그것이 나를 좀더 특별하게 만드는 거라고 생각했던 것 같아요.

당신의 앞선 시집들의 시들에서는 그걸 오히려 더 꽉 붙들고 곡예 놀이를 하는 것 같아요. 이번 시집의 어떤 시들에서는 그것들을 꽉 붙들고 있으면서 또 놓으려고 애쓰는 순간들이, 놓아버린 순간들이 있는 것 같아요.

 (리산) 예전의 나는 허무가 두렵지 않았어요. 홀로 산 자라는 환상이 두렵지 않았어요. 환상일 수도 있고, 운명일 수도 있는 별이 내 손바닥 안에 새겨져 있다고 생각했어요. 지금은, 좀 가벼워진 것 같아요. 폐허 속에서 별자리를 읽으며 새로운 길을 찾는, 아니면 무너진 돌들을 치우며 휘파람을 불며 이리 와 나하고 놀자, 살아 있는 것들을 부르는.

오늘밤도 당신은 구멍의 언저리를 맴돌고 있어요.

그리고 오늘밤 당신은 밤 산책을 나가려고 해요. 오래된 집 마당 정원을 지나 전나무가 늘어선 숲으로. 당신은 밤 산책을 나갈 정원과 숲을 바라보고 있어요. 당신은 그 숲을 산책하면서 시를 쓰곤 했지요.

당신이 눈을 길게 늘여 바라보고 있는 숲이, 전나무들이 내게는 잘 보이지 않아요.

당신의 눈에는 보이나요?

(리산) 그 숲은 처음부터 없어요. 없는 것을 봐요 보이지 않는 숲, 보이지 않는 숲이라는 것을 알고 있어요.

당신은 없는 숲, 없으니 보이지 않는 숲으로 오늘밤 산책을 나갈 건가요?

(리산) 오랜 산책이 끝났으니 오늘밤은 나가지 않아요. 그 숲을 산책하며 시를 쓰지 않아요. 앞으로도 나가지 않아요. 그 숲으로는. 창문 건너편 오래된 집 그

집 마당에 큰 목련나무가 있어요 봄이 되면 골목이 환하게 피어나고 바람이 불면 떨어져 뭉개진 꽃잎들이 골목에 가득해요, 창문을 통해 보이는 건너편 목련나무 그림자가 벽에 검게 어른거리면 그곳에 숲이 있다는 착각에 빠져요 그리고 책상에 펼쳐놓은 소설 속 주인공이 다니는 산책길의 이미지와 합쳐져 나만의 숲이 거기 생겨나요, 일종의 착란이죠, 그 집은 곧 무너져요, 집이 무너지며 숲도 사라져요, 파편도 추억도 남지 않아요, 처음부터 없던 곳, 나는 그 골목을 떠나요, 다시 올 수 없다고 생각하며 떠나요.

그렇게, 당신은 그 산책에서 돌아오지 않게 되는 거네요.

그럼, 오늘밤 당신은 어디로 밤 산책을 가려 하나요?

(리산) 음, 채 썬 오이를 가득 넣고 와사비를 얹은 김밥을 파는 심야식당, 먼저 헬레네를 만나야겠네요.

우리의 슬픔은 전문적이고 아름다워

초판 1쇄 인쇄 2025년 11월 16일
초판 1쇄 발행 2025년 11월 26일

지은이 리산

편집 이고호 | 디자인 윤종윤 이주영
마케팅 김다정 박재원 | 저작권 박지영 형소진 주은수 오서영 조경은
브랜딩 함유지 김은솔 박민재 이송이 박다솔 조다현 김하연 이준희 복다은
제작 강신은 김동욱 이순호 | 제작처 한영문화사

펴낸곳 (주)교유당 | 펴낸이 신정민
출판등록 2019년 5월 24일 제406-2019-000052호

주소 10881 경기도 파주시 회동길 210
문의전화 031.955.8891(마케팅) | 031.955.2680(편집) | 031.955.8855(팩스)
전자우편 gyoyudang@munhak.com

홈페이지 www.gyoyudang.com
인스타그램 @gyoyu_books | 트위터 @gyoyu_books | 페이스북 @gyoyubooks

ISBN 979-11-24128-10-7 03810

· 교유서가는 (주)교유당의 인문 브랜드입니다.
  이 책의 판권은 지은이와 (주)교유당에 있습니다.
  이 책 내용의 전부 또는 일부를 재사용하려면 반드시 양측의 서면 동의를 받아야 합니다.

이 책은 서울특별시, 서울문화재단 '2025년 창작집 발간지원 사업'의 지원을 받아 발간되었습니다.